张乃清 主编

沪郊骏马

1950—2000年马桥图像集

中西書局

目录

卷首语

本书用大量珍贵的图像讲述上海市郊一个典型乡镇的历史故事。在当下人们习惯于“读图”的时代，浏览这本图像集，读者就能轻松了解1950年至2000年马桥地区的历史变迁。而合上这本图像集，这些难忘的历史记忆也会被读者收藏。

因为，马桥地区自古就是一个与众不同、声名远扬的好地方。

因为，周恩来、邓小平、宋庆龄、江泽民、李鹏等党和国家领导人曾先后前来调研，国内外记者争相到此采访，留下了不少珍贵的图像。

因为，通过这些真实、生动、丰富的图像，读者仿佛能回到那些历史场景。

因为，书中每一帧图像的背后都有着不同寻常的故事。书中的图像绵延展现了黄浦江畔五十年变迁的历史。

因为，马桥人民这五十年的奋斗足迹印证了中国特色社会主义道路的辉煌，世人也必定更加关注马桥地区在新世纪所呈现的新风貌。

因为，“沪郊骏马”是一方水土的象征，也是上海市郊的缩影，更是时代风云的产物。读图、知史、明理，留住乡愁，激发情怀，这是一种有趣有益的文化享受，更是一种入心入脑的精神传承。

新世纪的画卷正缓缓展开，相信2001年以后的马桥图像集会更加灿烂动人。

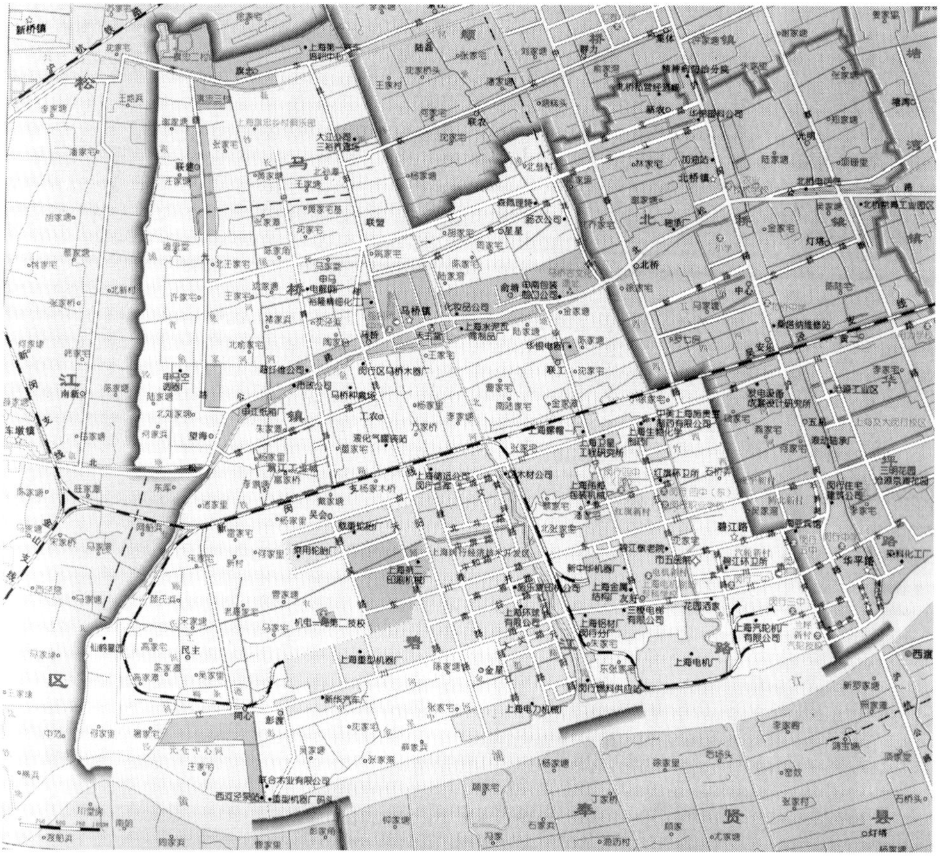

1999 年上海市闵行区马桥镇地图

1950 年至 1969 年

新中国成立后，中华大地发生了翻天覆地的变化。1949 年 11 月，上海县马桥区人民政府成立，乡土面貌日新月异。1952 年秋，乡人自发组织农业生产合作组织。1958 年 9 月，上海县西南部设立群力人民公社（以下简称“群力公社”），全民大办农业。1959 年 8 月，改建为马桥人民公社（以下简称“马桥公社”）。马桥地区似骏马奔腾，勇于开拓，成就卓越。周恩来、宋庆龄等党和国家领导人先后前来调研，国内外记者争相到此采访，马桥公社与相邻的闵行工业卫星城比翼双飞，成为时代标杆。因连续三年遭受大面积自然灾害，国家经济困难，在此背景下马桥人民战胜天灾、喜获丰收的景象堪称奇迹。1966 年 6 月，爆发“文化大革命”，社会主义建设在探索中曲折发展。

1950年，马桥地区属江苏省上海县，时有马桥集镇、吴会集镇、荷巷桥集镇、紫藤棚集镇、沙脊集镇及周边乡村。马桥区人民政府辖马桥乡、青登乡、紫岗乡、邻松乡全部及竹岗乡、磊滨乡、寿华乡、黄浦乡部分。1958年1月17日，国务院批准上海县从江苏省划属上海市。8月14日，正式实施。

1950 年，强恕园艺学校复校一年多后无奈停办

1951 年 5 月，“土地改革结束，人民政府向农民颁发《国有土地使用证》《土地房产所有证》

1951—1953 年，马桥地区先后有 143 名优秀儿女参加抗美援朝战争。其中，方明生、姜敏君、王根林、张通林、徐宗辉、陆世林、陈书华、金全根、陈友林、王火炳等牺牲在朝鲜战场。

上甘岭坑道中的护士孙云（孙家潭人）

停战谈判翻译沈鸣岐
（1932—1993，车里塘中宅人）

战斗英雄金元（1920—2002，原名金富根，荷巷桥人）与妻子

1952 年 2 月，沈永恭互助组创办上海县第一个初级农业生产合作社——青登乡第一农业生产合作社

青登乡第一农业生产合作社社员合影

1952 年 3 月 23 日，中华人民共和国成立后上海县第一个水利工程俞塘河疏浚工程现场（《解放日报》）

1955 年 10 月 22 日，采下棉花送往收购站（《解放日报》）

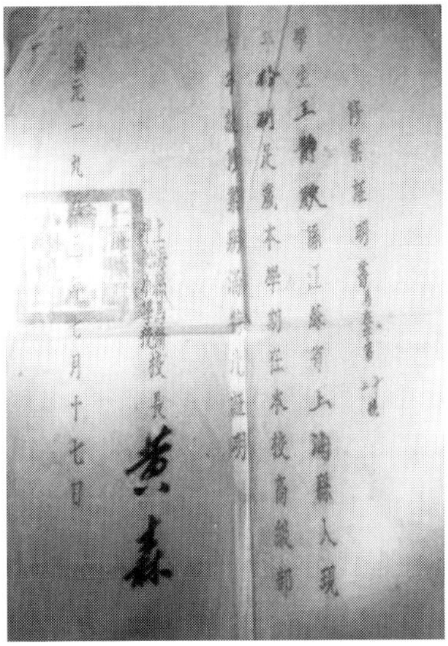

1953 年，马桥中心小学学生修业证明

1953 年秋，私立强恕初级中学从吴会书院旧址迁至达义小学校舍内。1956 年 7 月，改为县立中学，更名为“上海县马桥初级中学”，共 9 个班级，住宿学生有 100 多人

1957 年 10 月中旬，上海市政府外事办组织 23 个国家驻上海总领事和夫人到马桥乡南部一个村宅参加水稻丰产验收。后来那里被定名为“友好大队”

1958 年 9 月，成立群力公社。1959 年 8 月，改名为马桥公社

1959 年春节，手狮舞参加上海县民间文艺会演

1959 年春节，公社社员登台欢歌恭贺新禧

1959 年，部分村宅集体动迁，配合“闵行工业卫星城”建设

乡人亲眼目睹“闵行工业卫星城”在家乡的农田中拔地而起

1959 年，为配合“闵行工业卫星城”建设，政府集中安置动迁农民，在俞塘村建造上海地区第一个农民新村。新村内共有二层楼房 12 幢，三层楼房 4 幢

1959 年 5 月 1 日起， 316 户动迁农民陆续迁入俞塘农民新村

1959 年 9 月，马桥大队第三生产队妇女队长宋秀娟赴北京参加国庆观礼

1959 年 10 月，上海市人委直属机关干部在马桥参加义务劳动

1959 年马桥公社庆祝六一国际儿童节活动现场。时有幼儿园 31 个，入园儿童 968 人；有托儿所 310 个，入托儿童 4935 人，占应托儿童的 93%。国家副主席宋庆龄两次前往视察

红旗幼儿园、红旗托儿所吸引参观者

1959 年上海科学教育电影制片厂拍摄了纪录片《上海马桥人民公社》

1959 年 6 月 5 日《新闻日报》报道马桥公社夏熟丰收

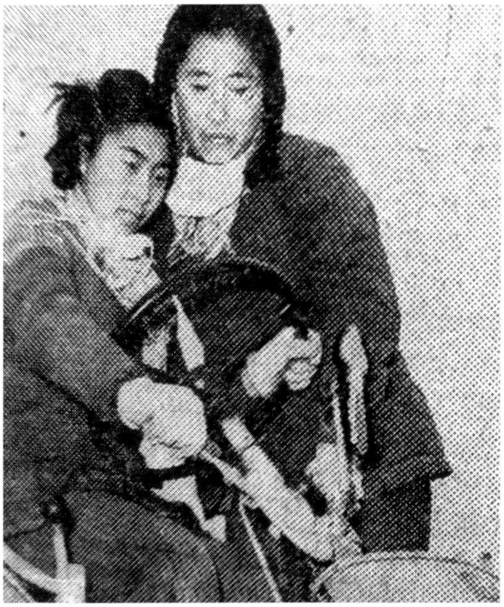

马桥公社拖拉机手徐亚新（左）指导新机手庄婉珍（右）提高驾驶技术
（1960 年 3 月 16 日《文汇报》）

1959 年 12 月 7 日，在联工大队俞家生产队发现古文化遗址。1960 年春，马桥遗址开始考古发掘

1960 年马桥遗址考古发掘现场

马桥公社俞塘农民新村社员贴春联（赵立群摄于 1960 年）

1960 年 3 月 11 日，外国妇女代表团来马桥公社参观社办工业产品模型

馬桥秋光无限嬌娆

棉朵老 稻半黄 迎战三秋准备忙

肥料已经积到田头

铁·牛·整·装·待·发

镰铡刀 上战场

千军万马支援三秋

胸中自有百万甲兵

造·好·种·长·好·苗

领导干部 划片包干

秋容壮丽 秋光逼人

随笔

1960 年 10 月 9 日，《新民晚报》刊发马桥公社迎战三秋专版，报道战胜自然灾害后的丰收景象

1960 年，上海教育出版社出版《马桥人民公社农民新村》，纳入“学文化文库”，全国发行

1960 年马桥公社声名远扬，前来参观的人络绎不绝

外地参观者参观马桥公社

外地参观者在著名的“马桥人民公社卫生院”门口留影

外地参观者留影

1960年，上海画家姜大中、陆一飞和朱梅邨到马桥公社采风后，创作了国画《准备出发》，描绘了社员们检查农业机械准备下田作业的场景（作品由上海中国画院收藏）

1963 年《人民画报》专题报道马桥公社又一次战胜自然灾害

虽经三次台风和虫害严重侵袭，张家生产队的棉花收成仍然不错（1963 年《人民画报》）

俞塘大队妇女队长平品花
（1963 年《人民画报》）

马桥公社晚稻获得良好收成。老农说：“这样的好收成，解放以来也是少有的。”（1963 年《人民画报》）

为了保证供应城市人民需要，马桥公社雨天收摘蔬菜（1963 年《人民画报》）

马桥公社奶牛场（1963 年《人民画报》）

马桥公社农具机械修配厂生产的电气灭虫灯（1963 年《人民画报》）

新建的马桥公社中心医院（1963 年《人民画报》）

马桥公社俞塘大队业余运动员（1963 年《人民画报》）

1964 年马桥农家之一（法国玛格南图片社摄影师勒内·布里摄）

1964 年马桥农家之二（法国玛格南图片社摄影师勒内·布里摄）

1964 年马桥农家之三（法国玛格南图片社摄影师勒内•布里摄）

1964 年马桥农家之四（法国玛格南图片社摄影师勒内•布里摄）

1964 年马桥农家之五（法国玛格南图片社摄影师勒内·布里摄）

1964 年马桥农家之六（法国玛格南图片社摄影师勒内·布里摄）

1964 年 7 月 1 日，《新民晚报》副刊刊发沈新民创作的民歌《三唱共产党》，著名国画家程十发为其创作插图

1964 年初夏，著名雕塑家张充仁在俞塘大队体验农村生活，创作雕塑作品《田歌》

著名画家朱屺瞻下乡创作的纸本设色画《马桥公社》

1970 年至 1989 年

随着“农业学大寨”运动持续开展，苦干实干精神深入人心。1978年12月，中共十一届三中全会召开，全面实行改革开放政策，马桥地区勇于领时代风气之先，各行各业欣欣向荣。1981年12月，进一步放宽农村经济政策，经济社会发展跨入“快车道”。1984年，政社分设，建立马桥乡，乡镇企业迅速壮大，促进了“沪郊骏马”奋力奔腾，经济更加繁荣，社会更加文明。1988年，马桥乡社会总产值居上海市郊各乡之首，旗忠村和俞塘村第五生产队分别居华东地区各村和全国各生产队第一位。“沪郊骏马”以更加豪迈的姿态奔腾在中国特色社会主义大道上。

1968 年 10 月 25 日，天山中学老三届城镇户口学生到马桥公社插队落户。三年之后，分别留影

1971 年年初，美国著名记者埃德加•斯诺访问马桥公社，其所著《漫长的革命》同年由纽约兰多姆出版社出版。书中记载：马桥公社是个“富的”郊区公社，时有 3.6 万人口，1970 年总产值每户约合 720 美元，每个劳动力年净收入约合 102 美元，平均每户 (4.6 人) 约为 274 美元。人民公社缩小了城乡差距。

马桥畜牧场

1971 年实现农村人口“一人一头猪”

1972 年 2 月，民主大队三队陆道余家庭学习会（《解放日报》）

马桥公社农具厂水泥船车间。1972 年 9 月 29 日，国务院总理周恩来陪同日本总理大臣田中角荣一行在此参观（顾福根摄）

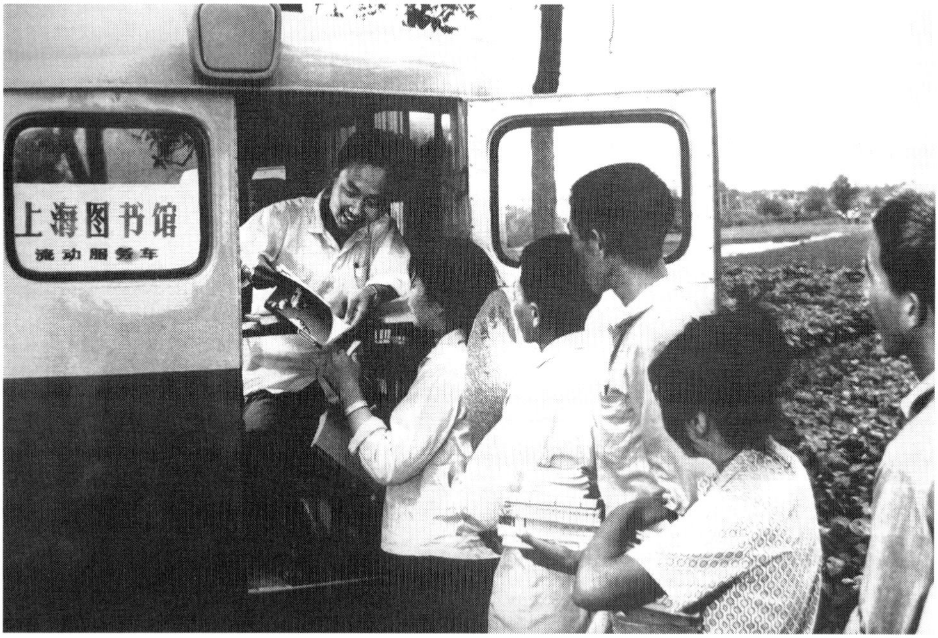

1974 年 10 月，上海图书馆图书流动车来到马桥公社田头（《解放日报》）

1975 年，马桥公社率先推广水稻插秧机（新华社图片）

1975 年，高校国际政治系大学生在马桥公社俞塘大队开门办学，与社员讨论国际形势（《人民画报》）

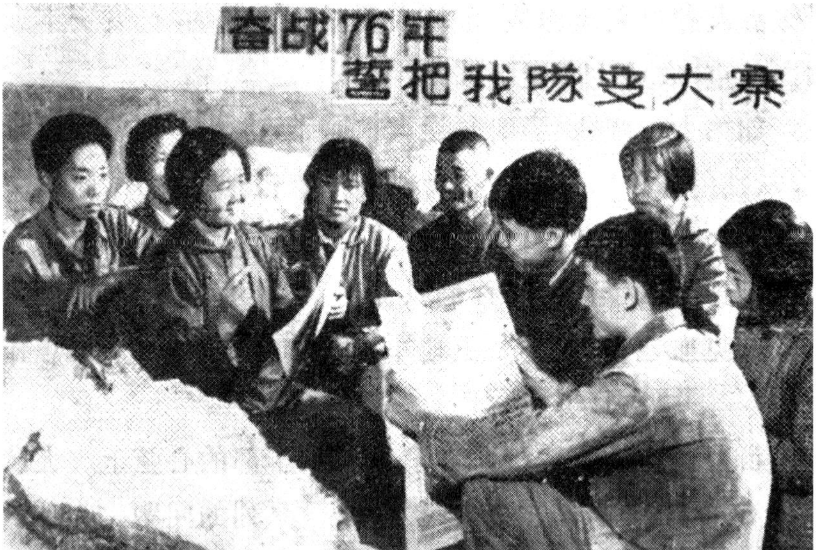

1976 年，俞塘大队深入学习大寨苦干实干精神（《解放日报》）

1976 年 10 月 14 日，马桥公社社员聆听党中央粉碎“四人帮”《公报》（顾福根摄）

马桥公社喜迎党中央《公报》（顾福根摄）

1978 年 5 月，联盟六队畜牧场采集饲料（顾福根摄）

1978 年 6 月，民兴大队四队插秧忙（顾福根摄）

1978 年 6 月插秧时节（顾福根摄）

马桥村二队抢收抢种

冬季，俞塘大队学习大寨精神，坚持改土治水建设高产田

1978 年中专招生考试（顾福根摄）

1979 年 1 月，联农八队集体分红笑脸盈盈（顾福根摄）

1979 年 5 月，贯彻中共十一届三中全会精神，马桥中街市面活跃（顾福根摄）

1979 年 5 月，马桥老镇东街即景（顾福根摄）

马桥老街茶馆（顾福根摄）

1978 年紫兴六队仓库保管员沈金山（顾福根摄）

1979 年 7 月，韩仓村八队农民抢收抢种（顾福根摄）

1979 年 3 月，马桥工业公司与上海第二衬衫厂联办上海马桥衬衫厂，年产绿叶牌、大地牌出口衬衫 30 万件，为上海县第一家工农联营企业

马桥联营厂

水稻专家周文俊（俞塘大队党支部书记）
1979 年全力推进粮食高产试验

使用电动喷雾机喷洒农药

1979 年马桥小学音乐课（日本摄影师久保田博二摄）

20 世纪 80 年代初，马桥小学科普实验小组（张雁摄）

20 世纪 80 年代初，马桥农科所尝试生物菌肥夹种（张雁摄）

粮食丰收，坚持颗粒归仓（顾福根摄）

1981 年 1 月 13 日，俞塘村一对新人参加集体婚礼归来

20 世纪 80 年代，历史悠久的吴会街东街即将消失

1981 年 5 月，韩仓村八队成为公社水产队（顾福根摄）

村民选购镰刀（顾福根摄）

马桥特产红漆提篮（顾福根摄）

1981 年，马桥小学气象观测小组（张雁摄）

吴会书院遗址

吴会书院遗址办起了幼儿园（摄于 1980 年 4 月）

1982 年 5 月，马桥公社文艺小分队在联工大队宣传《新宪法》（顾福根摄）

1987 年 1 月 15 日，上海沪剧界老中青三代演员来马桥“回娘家”（顾福根摄）

联建大队合作医疗站（顾福根摄）

1981 年 12 月，马桥公社机关从俞塘村迁至北松公路 2188 号（张雁摄）

1982 年 8 月，航拍马桥镇区

1983 年俞塘村概貌。1986 年，俞塘村第五生产队成为上海市郊第一个创利百万元的生产队

1984 年复排马桥手狮舞（2011 年被列入国家级非物质文化遗产项目名录）

乔正林新扎的手狮道具（顾福根摄）

1984 年 9 月 30 日晚，马桥表演队在“上海市庆祝中华人民共和国成立 35 周年文艺晚会”演出《狮龙狂舞》

云牌手狮舞的盛大场面

1985 年，上海轻工业品进出口公司与俞塘大队合资组建上海华银洗涤剂厂，后更名为“上海华银日用化学品总厂”

“蜂花”产品车间

1985—1995 年形成“蜂花”系列产品，深受市场欢迎

“蜂花”产品车间持续更新

1983 年 11 月，为建立闵行开发区，拓宽主干道路（规划建设地域原属马桥公社紫藤大队）

1986 年 8 月，闵行开发区被国务院批准为国家级经济技术开发区

1986 年 11 月，马桥粮管所粮库码头（顾福根摄）

1984 年 8 月，星星大队创办肠衣加工厂，仅有几间芦席棚、几只缸甏。到 1988 年 10 月 13 日，成立上海星星肠衣有限公司，不断发展壮大

1988 年，闵行区民政局和地方政府在民主村合办上海仙鹤墓园

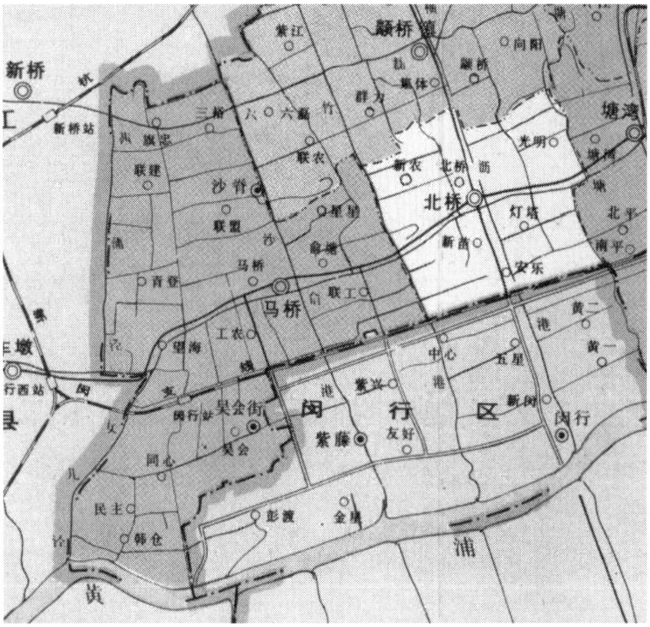

1988 年区划地图（今马桥镇含当时马桥乡和原闵行区西部地区）

1990年至2000年

1990年11月，马桥乡在全国首次“中国乡镇百颗星”评比中，被评为“全国十佳乡镇”之一，荣获代表全国乡镇最高荣誉的“大地杯”。1992年10月，中共上海市委特意选在马桥正式宣布撤销原上海县和闵行区，建立新的闵行区。1993年，马桥乡撤乡建镇。1995年9月，闵行区马桥镇被国家民政部评为“全国最佳乡镇”，“沪郊骏马”更显英姿。邓小平、江泽民、李鹏等党和国家领导人先后前来调研，鼓励马桥人民全面深化改革开放，坚持走共同富裕道路，以更加雄壮的步伐迈向新世纪，开创现代化建设新局面。

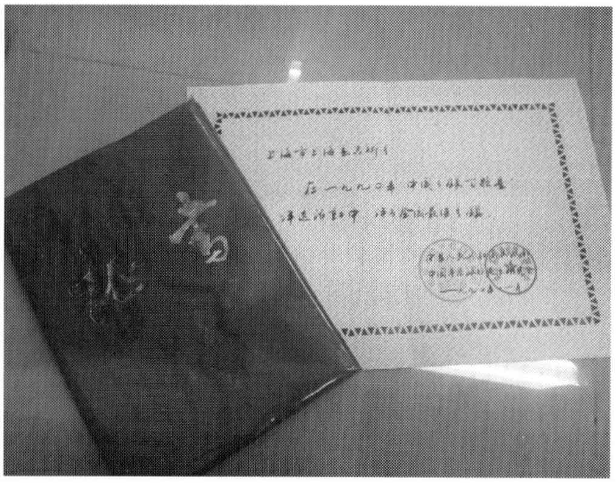

1990 年 11 月，马桥乡在全国首次 “中国乡镇百颗星” 评比中，被评为 “全国十佳乡镇” 之一，荣获代表全国乡镇最高荣誉的“大地杯”

1989 年 3 月，旗忠村 56 幢农民住宅竣工，第一批 56 户农民进住（张雁摄于 1990 年）

鸟瞰旗忠农民新村（张蔚飞摄于 1990 年 11 月）

1990 年 11 月 5 日，住进别墅的旗忠人扛着锄头收工而归（张蔚飞摄）

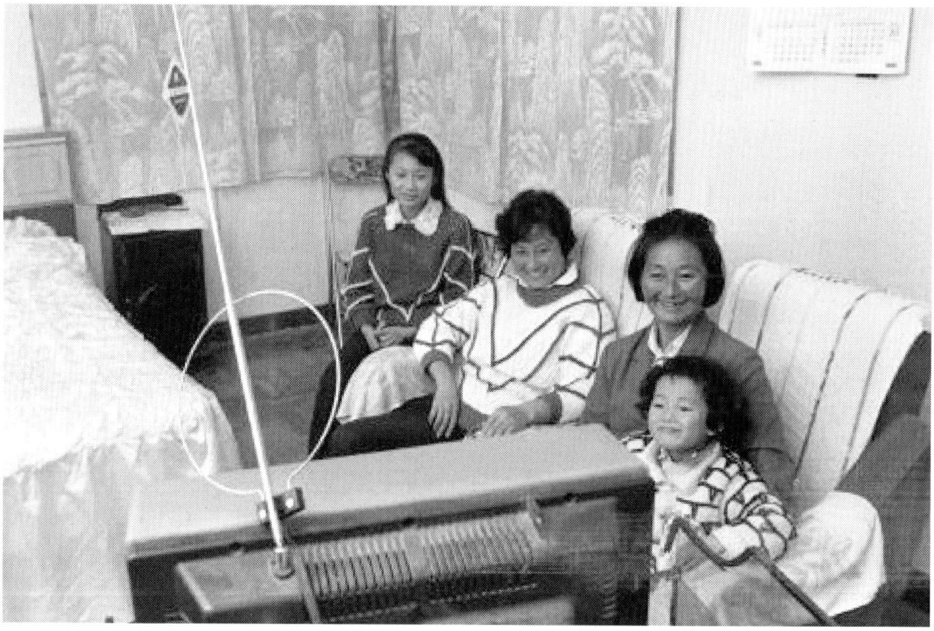

1990 年 11 月，“华东第一村”旗忠村农民的家庭生活（张蔚飞摄）

1990 年 11 月，马桥乡紫江集团彩印厂

1990年12月18 星期二

编者按

马桥乡英雄谱

本报记者

把中外合资企业搬到马桥来

发展农、工、副 形成大企业

南浦大桥、地下铁道、合流治污

1990 年 12 月 18 日，《文汇报》刊发《马桥乡英雄谱》

当年的马桥影剧院（张雁摄）

1990 年 1 月 10 日，上海市首届农民电影节闭幕式在马桥电影院举行

1990 年 4 月 22 日，由上海县文化馆、马桥乡文化中心站和上海人民广播电台联合举办的第 217 期《星期戏曲音乐会》在马桥影剧院举行

1992 年 5 月 12 日第三届上海县艺术节行街表演

马桥手狮舞队行街归来

1992 年 11 月，《马桥手狮舞》赴北京参加全国民间音乐舞蹈比赛，荣获三等奖

1993 年 5 月 10 日，首届东亚运动会软式网球表演赛在旗忠村举行

马桥成人学校为申马铜材厂培训人才（92 届、93 届毕业生）

1993 年底建成的马桥园艺场一期

1993 年 2 月，马桥中心小学迁入北松路 2258 号新校舍（1995 年摄）

1994 年 4 月 1 日，马桥中心小学和马桥初级中学分别复名为“马桥强恕小学”和“马桥强恕中学”

1994 年马桥遗址发掘现场

1994 年 1 月，紫江集团橡胶制品厂建立

1994 年 8 月，友好村上海申菱钢结构有限公司成立

1995 年 9 月，马桥镇被国家民政部评为“全国最佳乡镇”，再次荣获“大地杯”

1995 年，马桥镇敬老院由老镇中街迁址至元松路 15 号

1995 年，马桥镇修筑十分宽阔的“马桥大道”（今改称“元江路”）成为新闻热点

1996 年 5 月，马桥镇成立老年学校

1996 年马桥镇卫生院成功抢救服毒病人，家属敬送牌匾致谢

1997 年旗忠森林体育城的山北别墅群（顾福根摄）

马桥少儿网球运动

1997 年 7 月，第四届马桥镇艺术节老少合奏《马桥之歌》

马桥艺术节行街表演（顾福根摄）

马桥江南丝竹乐队在行街表演（顾福根摄）

街头法制文艺宣传（顾福根摄）

1998 年“闵行之夏”活动

沪剧表演艺术家石筱英指导（左三）马桥业余演员排演《阿必大回娘家》（顾福根摄）

著名沪剧演员徐俊（右三）来到马桥文艺工厂热情辅导（顾福根摄）

老街棉布店

老街食品店

1998 年 4 月，马桥园艺场建成全国首座国产化种苗工厂

1998 年 5 月 12 日，马桥手狮舞参加上海国际艺术节广场文化展演活动

1999 年 10 月，上海旗忠花园高尔夫俱乐部开始营业

1999 年 12 月“紫藤棚”改建为“古藤园”

2000 年 9 月，马桥天主堂被列为闵行区文物保护单位

为保护黄浦江饮用取水口安全，彭渡村自建水生态园林。这是最初建造的“小木桥”。2002 年正式启动“韩湘水博园”建设

马桥镇 2000 年"闵行之夏"演唱《茶馆新山歌》

2000 年启动俞塘河上永安桥改建工程，次年建成

村宅本来风貌

自古以来，马桥地区传统村宅散布，数量众多，呈现江南水乡风貌。由于远离尘嚣，乡人农耕生活静逸有序，形成特有的乡土风俗。1950 年至 2000 年间，本地经济社会发展迅速，水网村道持续更新，村宅民居几度翻建，村容村貌不断改善，呈现中国特色社会主义乡村新风貌。部分村宅因城市化建设需要先后动迁，其本来风貌图像更显珍贵。

1978 年起紫藤棚小镇式微。1999 年消失
（顾福根摄）

最后的守望，崭新的向往（顾福根摄）

20 世纪 70 年代中渡桥原貌。后改建为水泥桥。1993 年，仙鹤墓园扩建，中渡桥集镇消失（顾福根摄）

1979 年 5 月，俞塘河新石桥（顾福根摄）

1981 年 1 月雪后，北松路沙港桥东堍（顾福根摄）

1981 年 1 月雪后，联工村顾家宅拖拉机路（顾福根摄）

1981 年，沙港河两岸新风貌
（顾福根摄）

1981 年星星村陆家宅
（顾福根摄）

1981 年的旗忠村风貌

1981 年 9 月，联工村油车王家宅的傍晚（顾福根摄）

1982 年 8 月，联工村顾家宅 27 号（顾福根摄）

工农村五组河道（顾福根摄）

工农村东部村宅（顾福根摄）

黄浦江畔稻花香

紫兴村六组金家宅

荷巷桥老街（张乃清摄）

同心村四组农居（张乃清摄）

历史大事记

（1950—2000）

1950 年

3 月，春荒，部分地区灾情严重。本地区开展生产自救，发放以工（加固黄浦江堤，修筑公路）代赈救灾粮、种子、豆饼、化肥。

10 月，为贯彻《中华人民共和国土地改革法》，上海县全县开展土地改革。

11 月初，上海县开展镇压反革命运动。

1951 年

1 月 20 日，上海县首次征集志愿兵，450 名青年参加中国人民解放军。

2 月，土地改革结束。

5 月 2 日，上海县给土地改革后分得土地、房屋的农民发放《土地房产使用证》，对原土地、房产持有者发放《土地房产所有证》，至 7 月结束。

5 月初，为支援抗美援朝，各界人士纷纷捐献钱款及金银首饰、铜锡器皿等实物。

9 月，为贯彻《中华人民共和国婚姻法》，本地区实行婚姻登记。

是年，1942 年牺牲的严同宇同志被人民政府追认为革命烈士。

是年至 1953 年，马桥地区先后有 143 名优秀儿女参加抗美援朝战争。其中有 10 名英烈牺牲在朝鲜战场。

1952 年

1 月 1 日，中共上海县委在县级机关动员开展“反贪污、反浪费、反官僚主义”的“三反”运动。至 6 月基本结束。

2 月，上海县第一个初级农业生产合作社——马桥区青登乡第一农业生产合作社建立。

3 月上旬，中华人民共和国成立后上海县兴建的第一个水利工程俞塘疏浚工程动工，参与民工达 1.8 万人。

是年，达义小学并入马桥小学，此后更名为上海县马桥中心小学，下辖 10 多所乡村小学，并附设幼儿园。

1953 年

4 月，上海县部分农民自上年秋自发组织“五集体”（土地、劳力、耕牛、农具、肥料统一使用）的农业生产合作组织，马桥、塘湾两区发展有 40 个。

秋，私立强恕初级中学从吴会书院旧址迁至原达义小学校舍内。到 1954 年学校扩充至 8 个班，学生 400 多人。

11 月，上海县掀起宣传党在过渡时期总路线为主要内容的社会主义教育热潮。

12 月，实行粮食统购统销，城镇居民用粮实行计划供应；农村实行“三留粮”（留口粮、留种子粮、留养猪饲料粮）的粮食分配政策。

1954 年

6 月，全国讨论、宣传《中华人民共和国宪法草案》。

9 月，上海县调整行政区划，撤销区级建置，全县调整为 32 个乡和 1 个县属镇。马桥撤区改乡，成立马桥、沙溪、俞塘、邻松、紫冈 5 个乡政府。

9 月 14 日，根据国家规定，政府对棉花开始实行统购，棉布凭票计划供应。

1955 年

4 月 28 日，上海县水稻混栽区防治螟害带治螟委员会成立。年内邻松、颛桥等 8 乡 38 村建立长 15 千米、宽 0.5 千米的防螟带，常年严重影响水稻生产的螟害得到控制。

10 月中旬，因自 8 月起连续 70 多天无雨，旱情严重，农村全力投入抗旱保秋收秋种。

11 月 23—27 日，中共上海县委召开县、乡干部会议，学习贯彻毛泽东《关于农业合作化问题》的报告和中共七届六中全会决议。

12月10日，中共上海县委决定试办10个高级农业生产合作社。

1956年

1月，对私营工商业的社会主义改造进入高潮。

3月，上海县行政区划调整为1县属镇14乡，每乡下设2个乡属镇。

7月，强恕初级中学改为县立中学，更名为“上海县马桥初级中学”。

1957年

8月，上海县贯彻中共中央《关于向全体农村人口进行一次大规模的社会主义教育的指示》，开展整风运动，至10月结束。

10月中旬，上海市政府外事办组织23个国家驻上海总领事和夫人到马桥乡南部一个村宅参加水稻丰产验收。后来那里被定名为“友好大队”。

12月下旬，上海县全县农村开展“反保守、反右倾、比干劲、比产量”运动。

1958年

1月17日，国务院批准上海县从江苏省划属上海市。8月14日，正式实施。

5月25日，上海县召开县、乡、社、队四级干部大会，进行“共产主义思想”教育。会后，宣传、学习中共八届二中全会通过的“鼓足干劲、力争上游、多快好省地建设社会主义”的总路线。

6月，因闵行卫星城电机工业区建设，在马桥人民公社征地拆迁。

7月18日，国务院总理周恩来视察马桥乡，参观工农高级农业生产合作社水稻试验田和中心小学红领巾农场，访问马桥供销合作社生产资料门市部和农民家庭。

8月16、17日，中共上海县委在闵行镇召开“庆祝早稻大丰收，力争秋熟放卫星抛元帅万人誓师大会”。

9月，群力人民公社成立，含马桥、颛桥、北桥地区。

9 月 21 日，上海市国庆观礼代表到达北京。群力人民公社马桥大队第三生产队妇女队长宋秀娟出席。

10 月，群力公社以生产小组（高级农业生产合作社时的生产队）为单位普遍建立一堂（农民食堂）、二院（幼儿园、妇产院）、四组（缝纫组、倒马桶组、制砖组、洗衣组）。次年 1 月停止实行。

11 月，群力人民公社图书馆建立，藏书 2.2 万册。还建立了生产大队图书室 6 个，生产队图书室 23 个。

1959 年

2 月 17 日，上海县农村生产队长以上干部扩大会议召开，继续提出不切合实际的跃进规划，以“提早实现社会主义”。

3 月，中共上海县委召开五级干部扩大会议，学习贯彻中共上海市委根据中共中央第二次郑州会议精神制定的《关于农村人民公社管理体制和若干政策问题的规定（草案）》。

4 月 3 日，按“闵行工业卫星城”建设规划，“闵行一条街”开始施工。78 天时间，13 幢大楼沿着大道拔地而起。

4 月，上海县贯彻中共中央第二次郑州会议精神，农村经济核算单位由原公社统一核算改为以生产大队为基本经济核算单位。

5 月 1 日起，因“闵行工业卫星城”建设工程，316 户动迁农民陆续迁入俞塘新村，涉及近 1500 人。

8 月 6 日，群力人民公社撤销，改名为马桥人民公社。

9 月 21 日，上海市国庆观礼代表到北京。马桥大队第三生产队妇女队长宋秀娟出席。

初冬，国家副主席宋庆龄视察马桥人民公社。

12 月 7 日，在马桥人民公社联工大队俞家生产队发现古文化遗址。

是年，上海科学教育电影制片厂拍摄纪录片《上海马桥人民公社》。

《上海文学》1959年12期发表《上海马桥人民公社歌谣》。

1960年

3月14日，国家副主席宋庆龄视察“闵行一条街”和马桥人民公社。

春，上海考古工作者前来马桥遗址进行考古发掘。

4月10日，农村人民公社开展“反贪污、反浪费、反官僚主义”的新“三反”运动。

5月，大办农村综合商店，基本实现一个生产大队有一家综合商店。

10月9日，《新民晚报》刊发马桥专版。

12月下旬，传达、贯彻中共中央《关于农村人民公社当前政策问题的紧急指示信》（简称“十二条”），全面纠正“五风”（共产风、浮夸风、瞎指挥风、干部特殊风、强迫命令风）和“一平二调”错误，退赔“平调”的财物，至1962年春结束。

是年，上海教育出版社出版《马桥人民公社农民新村》，收入“学文化文库”发行。

1961年

7月26—31日，上海县召开由生产队长以上干部6000余人参加的全县干部大会，贯彻中共中央《农村人民公社工作条例（修正草案）》（简称“农业六十条”），继续纠正“一平二调”错误。

8月14日，开始对自1959年以来因“拔白旗”“反右倾”而受错误批判和处分的干部、党员进行甄别，至次年8月基本结束。

8月17日，加纳共和国总统克瓦米·恩克鲁玛参观访问马桥人民公社。

10月，马桥人民公社划分为马桥、颛桥、北桥3个人民公社。

1962年

4月，农村人民公社基本核算单位由生产大队调整为生产队。

12月中旬，在农村开展以阶级斗争为纲，巩固集体经济为目的的社会主义教育，至次年春结束。

1963年

2月，《人民画报》以“前途无限”为题刊出马桥人民公社的12幅新闻图片。

9月，贯彻中共中央《关于目前农村工作中若干问题的决定（草案）》（称“前十条”），公社机关和事业单位开展“清账目、清仓库、清财务、清工分”为内容的社会主义教育运动（称“小四清”）。

是年，贯彻中共中央“工业学大庆，农业学大寨，全国学人民解放军”的号召。

上海县推广粮食生产三熟制。

1964年

2月29日，贯彻中共中央《关于农村社会主义教育运动中一些具体政策的规定（草案）》（称“后十条”）。中共上海县委首先在马桥、梅陇、宝北、诸翟4个公社开展社会主义教育运动。

早春，瑞典摄影师勒内·布里来到马桥人民公社，拍摄当地公社社员的生活图像。

7月1日，《新民晚报》刊发沈新民创作的民歌《三唱共产党》，著名国画家程十发为其创作插图。

初夏，著名雕塑家张充仁在俞塘大队体验农村生活，创作雕塑作品《田歌》。

8月，星星村建立肠衣加工厂。

10月，由古巴社会主义革命统一党哈瓦那省委员会组织书记伊西多罗·马尔米埃尔卡·佩奥里率领的古巴党政代表团参观访问马桥人民公社。

11月9日，阿富汗国王穆罕默德·查希尔·沙拉和霍梅拉王后一行，由国家副主席董必武陪同访问马桥人民公社。

11 月，上海县全面开展社会主义教育运动。

冬，全面开展“农业学大赛”运动。

是年，马桥人民公社联盟大队桃园低产变高产，成为新闻。

1965 年

4 月，社会主义教育活动结束。

6 月下旬，贯彻中共中央《农村社会主义教育运动中目前提出的一些问题》（称“二十三条”），上海县全面开展以“清政治、清经济、清思想、清组织”为内容的社会主义教育运动（称“大四清”）。

是年，三友大队出土四条明代蓝印花布。

1966 年

8 月，上海县农村生产队普遍推行大寨式评工记分。

1967 年

1 月 21、22 日，马桥人民公社“造反派”组织在上海重型机器厂召开“批斗大会”。

5 月 5 日，马桥人民公社革命委员会成立。

1968 年

2 月，“清理阶级队伍”运动开始，历时 2 年。

3 月，开始整党建党，恢复中共党组织生活。

10 月 25 日，天山中学老三届城镇户口学生到马桥人民公社插队落户。

1969 年

2 月下旬，农村生产大队始建革命委员会。

4 月，马桥人民公社“五・七”农校创办。

1970 年

2 月，上海县开展“一打三反”运动（打击反革命破坏活动，反对贪污盗窃、反对投机倒把、反对铺张浪费），历时 4 年。

12 月 14 日，中共上海县委、县革委会召开誓师大会，提出“奋战三年”，把上海县建成“大寨式县”。

是年，一批社队企业兴办，结束社办工业停滞发展的局面。

1971 年

年初，美国著名记者埃德加·斯诺访问马桥人民公社。

6 月，每个生产大队都办有小工厂。

7 月 23 日，国务院副总理华国锋视察马桥公社俞塘生产大队。

12 月，上海县首次实现“一亩田一头猪”。次年，实现农村人口“一人一头猪”。

1972 年

9 月 29 日，日本总理大臣田中角荣一行由国务院总理周恩来陪同，参观马桥公社。

12 月 17 日，马桥人民公社俞塘大队在连续三年亩产吨粮的基础上，1972 年亩产 1153 千克，《人民日报》《解放日报》予以报道。

1973 年

是年，上海县早稻亩产创历史最高纪录；全年粮食亩产首次实现在《全国农业生产发展纲要》规定的指标基础上翻番。

1974 年

1 月下旬，上海县开展“批林批孔”运动。

6 月 4 日，冰雹，并伴 7—8 级大风，马桥、北桥、颛桥等公社水稻、棉花受损。

是年，上海县农村公社、大队、生产队三级工业收入首次超过种植业。

1975 年

高校国际政治系大学生在马桥人民公社俞塘大队开门办学。

1976 年

2 月 13 日，中共上海县委召开党员干部会议，开展“反击右倾翻案风”运动。

10 月 14 日，马桥人民公社社员聆听中共中央《公报》，欢庆粉碎“四人帮”。

1977 年

2 月，上海县全面开展党的基本路线教育。

1978 年

5 月 3 日，市、县工作队 500 余人进驻马桥人民公社，试点开展“双打”（打击阶级敌人的破坏活动，打击资产阶级的猖狂进攻）运动，至 10 月底基本结束。

12 月，中共十一届三中全会召开。

是年，始建于 1904 年的荷溪小学发展成为荷溪中心小学。1984 年划归原闵行区教育局。

1979 年

2 月 20 日，中共上海县委召开三级干部会议，贯彻中共十一届三中全会精神，决定全县将工作重点转向经济建设。

3 月 29 日，中共上海县委召开全县干部大会，贯彻中共中央《关于加快农业发展若干问题的决定（草案）》）和《农村人民公社工作条例（试行草案）》）文件。

3 月，马桥人民公社与上海第二衬衫厂联办县内第一家工农联营企业上海马桥衬衫厂，生产绿叶牌衬衫。

1980年

9月14日，中共中央召开会议完善农业生产责任制。

1981年

3月，马桥人民公社，开展“五讲”（讲文明、讲礼貌、讲卫生、讲秩序、讲道德）、“四美”（心灵美、语言美、行为美、环境美）文明礼貌活动。

12月，马桥人民公社机关从俞塘村迁至北松公路2188号。

是年，马桥人民公社创办文艺工厂，巩固群众文艺骨干队伍。

1982年

1月，中共上海县委复查办公室成立，开始复查、纠正解放以来历次政治运动中错误处理的案件。

是年，上海紫江塑料制品厂诞生，沈雯出任厂长。

1983年

2月1日，中共上海县委印发《“专业承包、包干分配”责任制的若干问题的意见（草案）》，农业生产逐步推行联产承包责任制。

春，马桥人民公社着手复排手狮舞，开展民间文艺抢救工作。

10月，中共上海县委整党办公室建立，开始整党运动，至1986年2月结束。

下半年，马桥小学和俞塘辅导区的所有村校重新合并，复名为“马桥中心小学”。

1984年

1月11日，马桥人民公社文化站改称“公社文化中心管理站”。

5月21日，中共上海县委颁发《关于进一步放宽农村经济政策，加快发展乡、镇企业的若干政策问题的规定》，农民称“规定”为“九条松绑措施”。

12月，政社分设，建立马桥乡政府，下辖1个居委会、20个村委会。

是年，上海紫江塑纤有限公司成立，沈雯出任经理。他首次被评为上海市劳动模范和全国新长征突击手。

马桥敬老院在马桥集镇中街筹建。

1985 年

2月7日，上海县第一次个体劳动者代表大会召开，上海县个体劳动者协会成立。

9 月，马桥乡建立成人教育培训机构（称“业余学校”，1989 年 9 月改称“成人学校”）。

是年，俞塘大队与上海轻工业品进出口公司合资组建上海华银洗涤剂厂。后更名为“上海华银日用化学品总厂”。

是年，彭渡村一跃成为市郊“首富”。

1986 年

4 月 30 日，马桥乡老年工作委员会成立，马桥敬老院举行挂牌仪式。

4 月，中共上海县委落实政策办公室成立，贯彻中共中央要求在“中共十三大”召开前基本完成纠正冤假错案的工作精神，加快复查纠错。1987 年 5 月，复查落实政策工作结束。

8 月，闵行开发区被国务院批准为国家级经济技术开发区（规划建设地域原属马桥乡紫藤大队）。

10 月，旗忠村马桥金属线材厂投产。

秋，马桥沙溪中学并入马桥中学。

是年，马桥乡俞塘村第五生产队工农业总产值 470 万元，工业利润 103.5 万元，成为上海市郊第一个创利百万元的生产队。

1987 年

3 月，紫兴村 4153 公顷土地被征用，建多层住宅 107 幢。

6月15日，为进一步理顺乡级政社关系，分清职责，根据中共上海县委、县政府的决定，各乡镇相继将人民公社管理委员会改为经济联合社（简称“经联社”），生产大队改为村经济合作社，生产队为其基层单位。

是年，马桥天主教堂重修，保留木梁结构。1994年，重建四层一顶的钟楼。

上海县房地产总公司马桥分公司联合中华企业公司在景谷路建造7幢多层商品住宅。

1988年

5月，旗忠村马桥电缆厂正式开业。

10月13日，上海星星肠衣有限公司成立。

秋，马桥荷溪中学并入马桥中学。

是年，马桥乡实现社会总产值5.5亿元，居上海市郊各乡之首。马桥乡旗忠村和俞塘村第五生产队工农业总产值达2.9亿元和2700万元，分别居华东地区各村和全国各生产队第一位。

闵行区民政局和地方政府在民主村合办上海仙鹤墓园，占地500亩。

1989年

3月，旗忠村56幢农民住宅竣工，第一批56户农民进住。

6月17日，旗忠村全村320户村民户户用上了液化气。

8月，马桥中学迁入北松路2258号新校舍内。

是年，马桥乡工业总投入达6000万元。在上海郊区各乡镇社会总产值、工业利润、上交国家税金、国民生产总值和百元固定资产创利税等项目中，马桥乡夺得5枚“金牌”。

紫江集团成立，下属企业7家，沈雯出任董事长、总经理。他首次被评为全国劳动模范。

1990 年

1 月 10 日，上海市首届农民电影节闭幕式在马桥影剧院举行。

1 月 20 日，《新民晚报》消息：马桥乡旗忠村 1989 年创产值 3.4 亿元，被誉为“华东第一村”。

4 月 22 日，由上海县文化馆、马桥乡文化中心站和上海人民广播电台联合举办的第 217 期《星期戏曲音乐会》在马桥影剧院举行。

8 月 10、11 日，中共上海市农村工作委员会和市农业委员会在马桥乡召开现场会，号召全郊区开展学习马桥乡活动。

11 月 6 日，马桥乡在全国首次“中国乡镇百颗星”评比中，被评为全国 10 个最佳乡镇之一，荣获代表全国乡镇最高荣誉的“大地杯”。

12 月 15 日，《解放日报》第一版用近万字的篇幅通栏刊登报道《骏马奔腾——马桥乡改革启示录》。

12 月，旗忠村被上海市建设委员会评为“上海市村镇建设先进单位”。

1991 年

2 月 7 日，中共上海县委、县政府印发《关于 1991 年农村经济政策的若干意见》，对进一步增强集体经济、继续完善企业承包经营责任制等提出具体意见。

2 月 17 日，国家主席杨尚昆视察马桥乡联建村和旗忠村。

5 月 27 日，《解放日报》第一版刊登长篇通讯《村庄里的都市》，报道旗忠村成为华东第一村的发展历程和风貌。

12 月 15 日，旗忠村网球场开业。

1992 年

1 月 16 日，中共中央总书记江泽民视察马桥乡旗忠村。

2 月 12 日 邓小平、杨尚昆视察马桥乡旗忠村。

9 月 26 日，经国务院批准，撤销上海县与原闵行区，合并建立新的闵行区。

10 月 4 日，中共上海市委、上海市政府在马桥乡召开新的闵行区干部大会，宣布国务院关于“撤二建一”的决定。

是年，马桥乡成人学校被国家教委授予“全国农村教育先进单位”称号。

1993 年

2 月，马桥中心小学迁入北松路 2258 号新校舍内。

4 月 13 日，国务院总理李鹏视察旗忠村，题词“走共同富裕道路”。

4 月 26 日，第一届东亚运动会火炬传递到旗忠村，在旗忠村网球场举行火炬接力活动。

4 月，马桥乡撤乡建镇，下辖 1 个居委会、17 个村委会。

是年，仙鹤墓园扩建，中渡桥集镇消失。

是年，马桥镇卫生院被国家卫生部评定为一级甲等医院。

1994 年

1 月，紫江集团橡胶制品厂建立。

4 月 1 日，马桥中心小学和马桥初级中学分别复名为“马桥强恕小学”和“马桥强恕中学”。

8 月 24 日，友好村上海申菱钢结构有限公司成立。

10 月 2 日，中共中央书记、国务院副总理吴邦国视察旗忠村。

1995 年

1 月 10 日，上海申马铜业科技股份有限公司成立。

1 月 14 日，全国人大常委会委员长乔石视察旗忠村。

9 月，马桥镇被国家民政部评为“全国最佳乡镇”，再次荣获“大地杯”。

11 月，旗忠村被国家民政部授予“全国村民自治示范村”称号。

12 月 17 日，闵行福音堂在友好村华宁路 245 号东征地三亩建造新堂，竣工开堂。

是年，“马桥大道”（今改称“元江路”）修筑竣工。

上海旗忠花园高尔夫俱乐部成立（1999年10月开始营业）。

马桥镇敬老院由老镇中街迁址于元松路15号。

1996年

3月31日，全国政协主席李瑞环视察旗忠村。

5月7日，国家副主席荣毅仁视察旗忠村，走访农民家庭。

5月，马桥镇成立老年学校。

10月，马桥镇被国家民政部评为“中国乡镇管理先进单位”。

10月25—27日，纳米比亚共和国总统萨姆·努乔马应邀访华期间，访问马桥镇，并希望马桥镇与纳米比亚的奥卡汉贾市结为姐妹镇。

1997年

7月，马桥镇举办第四届艺术节。

是年，马桥遗址再次进行考古发掘。

1998年

4月，马桥园艺场建成全国首座国产化种苗工厂。

12月15日—23日，应纳米比亚共和国奥卡汉贾市长杜托特的邀请，马桥镇考察团赴奥卡汉贾市签订两市镇结好协议书，并考察奥卡汉贾市。

是年，马桥镇旗忠村、星星村被评为1998年度“上海市文明村”。

1999年

7月1日，中国包装行业首家民营控股的中外合资企业——紫江企业集团股份有限公司8500万股A股开始在全国上网发行。

12月，“古藤园”建成开放。

是年，马桥镇旗忠村、星星村、联建村、民主村被评为1999年度“上海市文明村”。

马桥镇成人学校被上海市教委命名为“上海市成人教育示范校”。

2000 年

8 月，马桥镇辖 1 个居委会、16 个行政村，面积 34.4 平方千米，人口 34829 人。

9 月，马桥天主堂被列为闵行区文物保护单位。

是年，马桥镇旗忠村、星星村、联建村、民主村、联工村、友好村、金星村被评为 2000 年度“上海市文明村”。

为保护黄浦江饮用取水口安全，彭渡村自建水生态公园。2002 年正式启动“韩湘水博园”建设。

马桥镇启动俞塘河上永安桥改建工程，2001 年竣工。

后 记

《沪郊骏马——1950—2000 年马桥图像集》出版之时，恰逢中华人民共和国成立 75 周年纪念日，因此可称国庆献礼之作。本书以图像为主，展示新中国成立以后 50 年间上海市闵行区马桥镇地区建设的人文情景，彰显中国特色社会主义事业蓬勃发展的时代风貌。这是一项形式特殊的地方文史研究课题，其成果可以成为配合“四史”学习教育的乡土资料。

《沪郊骏马——1950 年—2000 年马桥图像集》书中的 183 幅历史图像，主题鲜明，内容丰富，场景真实，形象生动，不少图像鲜为人知，更显弥足珍贵。一个乡镇在 50 年间留下了如此丰富多彩的历史图像，实属难得。将 183 幅图像有机串联成地方建设发展史话，效果独特。

这些图像能够汇集成册，全靠 20 多年来的用心搜集，尤其是得到了上海蜂花日用品有限公司和马桥镇热心人士的竭力支持。有些图像一时难以寻到拍摄者，十分遗憾。在此，谨向所有图像的拍摄者、提供者表示衷心感谢。

期待新世纪的马桥图像早日汇编成册。

张乃清

2023 年 9 月

图书在版编目(CIP)数据

沪郊骏马：1950—2000年马桥图像集／张乃清主编．—上海：中西书局，2023
ISBN 978-7-5475-2159-5

Ⅰ.①沪… Ⅱ.①张… Ⅲ.①闵行区-地方史-史料-图集 Ⅳ.①K295.13-64

中国国家版本馆CIP数据核字(2023)第158322号

沪郊骏马——1950—2000年马桥图像集

张乃清　主编

责任编辑　马　沙
封面设计　梁业礼
责任印制　朱人杰

出版发行　上海世纪出版集团
®中西書局(www.zxpress.com.cn)
地　　址　上海市闵行区号景路159弄B座(邮政编码：201101)
印　　刷　浙江天地海印刷有限公司
开　　本　700毫米×1000毫米　1/16
印　　张　7.5
版　　次　2023年9月第1版　2023年9月第1次印刷
书　　号　ISBN 978-7-5475-2159-5/K·443
定　　价　48.00元